I0000652

CINQUIÈME CONGRÈS

DES

MAITRES IMPRIMEURS DE FRANCE

LIMOGES 1898

PROJET RELATIF A LA RÉGLEMENTATION GÉNÉRALE

ET AU

CONTRAT D'APPRENTISSAGE

DES

COMPOSITEURS-TYPOGRAPHES

Elaboré par la Commission permanente de la Commission mixte composée de :

MM. KEÜFER, MAYNIER, E. GRANGER et A. LOISEAU

MEMBRES OUVRIERS

MM. G. HÉRISSEY, G. DUPUY, H. BOUILLANT et G. LEFEBVRE

MEMBRES PATRONS

M. G. LEFEBVRE, rapporteur.

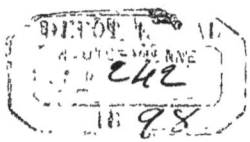

IMPRIMERIE HENRI CHARLES-LAVAUZELLE

PROJET RELATIF A LA RÉGLEMENTATION GÉNÉRALE

ET AU

CONTRAT D'APPRENTISSAGE

DES

COMPOSITEURS-TYPOGRAPHES

Pièce
8° F
2450

CINQUIÈME CONGRÈS

DES

MAITRES IMPRIMEURS DE FRANCE

LIMOGES 1898

PROJET RELATIF A LA RÉGLEMENTATION GÉNÉRALE

ET AU

CONTRAT D'APPRENTISSAGE

DES

COMPOSITEURS-TYPOGRAPHES

Elaboré par la Commission permanente de la Commission mixte composée de :

MM. KEÜFER, MAYNIER, E. GRANGER et A. LOISEAU

MEMBRES OUVRIERS

MM. G. HÉRISSEY, G. DUPUY, H. BOUILLANT et G. LEFEBVRE

MEMBRES PATRONS

M. G. LEFEBVRE, rapporteur.

IMPRIMERIE HENRI CHARLES-LAVAUZELLE

PROJET RELATIF A LA RÉGLEMENTATION GÉNÉRALE

ET AU

CONTRAT D'APPRENTISSAGE

DES

COMPOSITEURS-TYPOGRAPHES

MESSIEURS,

La question du contrat d'apprentissage, à l'ordre du jour de la session 1897-1898 de la Commission mixte, est, sans contredit, l'une des plus difficiles à résoudre, qui ne pourra guère avoir de solution pratique que le jour où une législation spéciale sera établie.

Néanmoins, en attendant le bon plaisir de nos législateurs, nous avons le devoir de nous défendre contre les mauvais effets résultant d'une application défectueuse des règles de l'apprentissage depuis plus de vingt ans, résultats qui se traduisent par un abaissement constant et progressif du niveau de l'éducation professionnelle des jeunes ouvriers, et, par suite, un abaissement trop constaté, hélas! de la qualité du travail produit par notre corporation.

La commission mixte, patronale et ouvrière, n'a donc pas cru devoir se désintéresser de la situation; aussi a-t-elle placé, dans son ordre du jour, l'étude de cette importante question et des moyens susceptibles de remédier à cet état de choses; à cet effet elle a chargé sa commission permanente : 1° de l'étude préparatoire; 2° de lui fournir un rapport, et 3°, enfin, de préparer des projets de réglementation et de contrat.

C'est le résultat de ces travaux que le rapporteur de la commission permanente vient soumettre à votre appréciation, qui sera, nous l'espérons, très indulgente, étant donné le temps relativement court qui nous a été accordé, et, à notre avis, hors de proportion avec l'ampleur du sujet à étudier; nous pensons cependant avoir fait, dans la mesure du possible, le nécessaire pour vous permettre, ainsi qu'aux deux fédérations patronale et ouvrière que vous représentez, d'approfondir dans ses moindres détails et de dresser en un tout intangible une nouvelle réglementation, large et libérale dans ses applications, susceptible d'enrayer dans une certaine mesure le mal constaté, c'est-à-dire relever le niveau de l'éducation professionnelle du personnel typographique, et diminuer, dans l'avenir, par une limitation raisonnable du nombre des apprentis dans chaque atelier, les journées de chômage si dures aux malheureuses familles qui les subissent.

Voici, Messieurs, quelle a été la marche suivie par votre commission permanente, représentée elle-même par une sous-commission spécialement chargée de déblayer l'étude de cette question et d'établir en quelque sorte les premiers jalons de ce travail :

1º Nomination d'une sous-commission composée de :

MM.

H. BOUILLANT, imprimeur à Saint-Denis *patrons.*
G. LEFEBVRE, imprimeur à Paris

E. GRANGER, correcteur *ouvriers.*
A. LOISEAU, margeur

2º Établissement d'un questionnaire adressé individuellement à tous les maîtres imprimeurs de France et porté à la connaissance des sections de la Fédération française des Travailleurs du Livre par voie d'insertion dans le journal *La Typographie française;*

3º Études des réponses faites au questionnaire;

4º Établissement d'un projet de règlement général;

5º Établissement d'un projet de contrat d'apprentissage.

Nous allons passer en revue ces divers points, en commençant par l'examen des vingt et une questions adressées, que nous étudierons une à une en vous faisant connaître le nombre et la nature des vœux exprimés pour chacune d'elles, ainsi que les conclusions adoptées par votre commission permanente.

DU QUESTIONNAIRE

1ʳᵉ Question.

Trouvez-vous le certificat d'études primaires suffisant pour témoigner du degré d'instruction d'un jeune homme se présentant à l'apprentissage ?

Maîtres imprimeurs.................. 270 réponses.
Sections ouvrières.................. 51   —

Soit 321 réponses décomposées comme suit :

RÉPONSES DES MAÎTRES IMPRIMEURS	RÉPONSES DES SECTIONS
128 oui.	28 oui.
137 non.	22 non.
5 abstentions.	1 abstention.
Total... 270	Total... 51

Le partage en deux fractions presque égales de l'ensemble des vœux exprimés sur cette question, soit pour l'affirmative, soit pour la négative, nous forcera d'étendre un peu longuement notre argumentation, le rapporteur s'en excuse à l'avance mais l'instruction étant, en somme, la base même d'une bonne éducation professionnelle, il ose espérer que votre attention, mise à l'épreuve, voudra bien être indulgente.

Le certificat d'études primaires est, pour la majeure partie des cas, attribué à des enfants qui ne savent rien ou presque rien; devons-nous, alors, et ainsi que le pensent quelques-uns des membres de l'Union, le considérer comme suffisant parce qu'il représente la consécration officielle des années passées

à l'école? Nous ne le croyons pas! car, considéré ainsi, le
certificat ne serait réellement qu'un *certificat d'études* et ne
posséderait nullement le caractère que nous désirons tous
lui voir représenter, nous voulons dire : un *véritable certificat
d'instruction*.

Industriels et ouvriers, sommes-nous seuls de cet avis?
Non, malheureusement, car il est unanimement partagé par
le personnel enseignant, par les délégations cantonales qui,
chargés d'instruire ou d'examiner les enfants, ont constaté
le niveau très inférieur de l'instruction acquise et partant, le
degré de disqualification dans lequel est tombé le certificat
d'études primaires.

Nous nous permettons, à l'appui de cette argumentation, de
citer des extraits tirés des *Archives des délégations cantonales
du département de la Seine*, et vous constaterez comme nous
que c'est une nouvelle preuve que nous apportons à l'appui
des affirmations de ce Rapport.

EXTRAIT

La réforme du certificat d'études.

Historique. — L'institution du certificat d'études primaires re-
monte aux dix premières années de la troisième République.
Déjà sous le second empire, au temps où le grand ministre Duruy
faisait faire un progrès si considérable à l'enseignement élémentaire, quelques timides essais avaient été tentés.

. . . .

..... La suppression des concours cantonaux laissait privés de
toute sanction les efforts des maîtres et des élèves. On crut bien
faire en créant un titre nouveau, accessible au plus grand nombre,
et attestant que l'enfant avait parcouru le cycle entier des études
primaires.

. . . .

Un arrêté ministériel du 16 juin 1880 réglementa le certificat
d'une manière uniforme et ce dernier put être désormais considéré
comme une institution d'État.

Il comportait deux séries d'épreuves : écrites et orales.

Les épreuves écrites comprenaient :

1° Une dictée d'orthographe de vingt-cinq lignes au plus, le point final de chaque phrase étant indiqué, la dictée pouvant servir d'épreuve d'écriture ;

2° Deux questions d'arithmétique portant sur les applications du calcul et du système métrique, avec solution raisonnée ;

3° Une rédaction d'un genre simple (récit, lettre, etc.).

. . . .

N'étaient admis aux épreuves orales que les candidats ayant obtenu la moyenne de vingt points.

Les épreuves orales consistaient :

1° Dans la lecture expliquée d'un texte ;

2° Dans l'analyse d'une phrase ;

3° En des questions sur l'histoire et la géographie de la France ;

4° En des applications pratiques de calcul et de système métrique.

Ce programme, si simple qu'il soit, avait au moins le mérite de porter sur les matières les plus importantes de l'enseignement primaire, celles qui en sont pour ainsi dire la base. Aussi fut-il conservé lorsque la loi du 28 mars 1882 donna au certificat d'études une incontestable valeur légale.

Le législateur de 1882 avait pourtant commis une imprudence en abaissant de douze à onze ans l'âge d'inscription des candidats. C'était tout simplement annihiler, en grande partie, l'action de la loi du 18 mars. Il était clair qu'avec un an d'études de moins les candidats seraient imparfaitement préparés ; que les commissions nommées par les inspecteurs d'académie se montreraient nécessairement plus indulgentes, et qu'un jour viendrait où le programme même de l'examen serait réduit d'une façon notable. C'est ce qui arriva et que nous déplorons aujourd'hui.

En simplifiant outre mesure les épreuves écrites, le plus souvent insignifiantes, et où la chance, quelquefois même la fraude, ont plus de poids que le vrai savoir ; en incitant les commissions à une indulgence puérile dans les corrections ; en supprimant les questions orales de français et d'arithmétique, ce qui réduit l'examen oral à une simple formalité, on était peut-être animé des meilleures intentions, mais on portait un coup fatal au certificat d'études.

Ce n'est qu'un cri aujourd'hui pour déplorer l'abaissement continu des études primaires, l'ignorance des candidats, la désertion prématurée des écoles par des enfants insuffisamment instruits.

. . . .

Nous allons voir que presque toutes les délégations cantonales de Paris se sont préoccupées de cette question, et qu'elles abondent toutes dans le même sens : relever le niveau du certificat.

Ce fut la délégation du IVe arrondissement qui émit la première une motion ferme, demandant une réforme complète de l'institution.

Elle émet le vœu que l'examen du certificat d'études primaires élémentaires comprenne comme par le passé :

A l'épreuve écrite : une composition d'orthographe servant de composition d'écriture; une rédaction; une composition d'arithmétique;

A l'épreuve orale : la lecture, l'explication raisonnée et l'analyse grammaticale et logique d'un texte (prose ou poésie); une interrogation sur l'histoire et la géographie; une interrogation sur l'arithmétique et le système métrique; une interrogation sur les éléments des sciences physiques et naturelles.

Les motifs sur lesquels cette délégation s'appuie sont :

« *La dépréciation du certificat d'études qui ne présente plus les garanties de savoir qu'il doit assurer;*

» *Le peu d'avantages qu'en retirent les élèves auprès des chefs d'industrie qui ont été amenés à douter de la valeur du titre;*

. . . .

» La nécessité de maintenir l'enfant le plus longtemps possible à l'école pour qu'il en sorte plus instruit et plus fort, c'est-à-dire moralement et physiquement plus résistant, plus apte à comprendre et à pratiquer l'enseignement professionnel qui doit suivre l'enseignement scolaire. »

XIe ARRONDISSEMENT. — La délégation cantonale du XIe arrondissement, dans sa séance du 14 novembre 1894, après l'audition d'un long et substantiel rapport, émettait des vœux presque analogues.

Le rapport du XIe commençait par constater la lacune regrettable que laisse dans le programme la suppression de l'épreuve orale d'arithmétique.

. . . .

Puis, passant à la question d'âge :

« Mais un point nous a surtout frappés : c'est l'inconvénient qui résulte de l'âge fixé pour l'obtention du certificat d'études. Cette limite d'âge nous semble trop abaissée. Un enfant peut se présenter à 10 ans et 9 mois, et il est malheureusement à reconnaître que, dans les familles nécessiteuses, on cherche à profiter de cette latitude pour retirer de l'école les enfants qui ont remporté le petit diplôme, *grâce à la dépréciation du niveau des examens.* »

. . . .

Le rapport s'occupe ensuite des coefficients à donner à chaque épreuve. Il y a peu d'années encore, *l'épreuve d'orthographe était éliminatoire; elle a cessé de l'être*, et les instructions pour la correction de cette épreuve sont devenues si larges, d'une interprétation si élastique, *qu'on pourrait presque dire qu'il n'est pas nécessaire de savoir l'orthographe pour obtenir le certificat d'études.*

Il faut bien reconnaître, en effet, que pour les enfants trop nombreux qui quittent l'école après le certificat d'études, l'orthographe est, avec l'arithmétique, la branche la plus intéressante de l'instruction; voilà pourquoi c'est sur ces deux points que s'est arrêtée notre attention.

. . . .

« La délégation cantonale, regrettant l'abaissement constant du niveau de l'examen du certificat d'études primaires.

» Émet le vœu :

» 1º Qu'aucun candidat ne soit admis à concourir s'il n'a atteint l'âge de onze ans au 1er janvier de l'année de l'examen;

» 2º Que l'épreuve d'arithmétique soit rétablie à l'examen oral;

» 3º Que l'épreuve écrite d'arithmétique comprenne une épreuve de système métrique;

» 4º Que le coefficient appliqué à l'orthographe soit porté à 20 au lieu de 10. »

IIIᵉ ARRONDISSEMENT. — Les vœux suivants sont émis sans commentaires, au IIIᵉ arrondissement, dans la réunion du 15 novembre 1894 :

« Que les épreuves soient rendues plus difficiles;

» Que l'épreuve d'arithmétique et de système métrique soit rétablie à l'examen oral;

. . . .

» Qu'aucun candidat ne soit admis à concourir s'il ne justifie de l'âge de onze ans accomplis au 1er janvier de l'année de l'examen. »

VIIIᵉ ARRONDISSEMENT. — Le lendemain, 16 novembre 1894, le VIIIᵉ arrondissement donnait à son tour son avis motivé :

« La délégation cantonale du VIIIᵉ arrondissement, *frappée de l'abaissement progressif qui se manifeste dans le résultat de l'examen du certificat d'études primaires, et regrettant la dépréciation qui en résulte pour la valeur du titre..... »*

Iᵉʳ ARRONDISSEMENT. — Dans la séance du 17 juin 1895, la délégation cantonale du 1er arrondissement, frappée de l'abaissement progressif qui se manifeste dans les résultats de l'examen du certificat d'études primaires, et regrettant la dépréciation qui en résulte pour la valeur du titre, émet le vœu :

« Que l'article 9 de la loi du 28 mars 1882, aux termes duquel les enfants peuvent se présenter au certificat d'études dès l'âge de onze ans, soit modifié en ce sens que cet âge soit reporté à douze ans.

» Et transitoirement, qu'une décision ministérielle décide que pour être admis aux épreuves du certificat d'études primaires, le candidats devront être âgés d'au moins onze ans révolus au 1er janvier de l'année de l'examen. »

XIVe ARRONDISSEMENT. — Enfin la délégation du XIVe arrondissement reconnaît, elle aussi, l'abaissement du niveau des examens.

Il résulte de cet ensemble de vœux et d'arguments, qu'il est tout à fait indiscutable que le certificat d'études primaires, distribué trop libéralement, ne représente plus, pour notre corporation surtout, une garantie suffisante de l'instruction reçue par le candidat apprenti, votre commission permanente a donc adopté sur cette première question les conclusions suivantes :

CONCLUSIONS

Dans la pratique, il a été reconnu que nombre d'apprentis, porteurs du certificat d'études primaires, ne possédaient pas l'instruction indispensable que semble devoir comporter ce document; en conséquence de cette observation, le certificat d'études primaires est jugé insuffisant pour témoigner de l'instruction de l'apprenti.

2e Question.

Êtes-vous d'avis qu'un examen préalable fait, soit par le patron, soit par des commissions locales, s'impose ?

Maîtres imprimeurs................... 270 réponses.
Sections ouvrières................... 51 —

Soit 321 réponses décomposées comme suit :

RÉPONSES DES MAITRES IMPRIMEURS	RÉPONSES DES SECTIONS
187 oui.	41 oui.
77 non.	8 non.
6 abstentions.	2 abstentions.
Total... 270	Total... 51

Messieurs, nous avons lieu d'être étonnés de voir, sur cette question, la majorité se modifier de la sorte, car, si pour la 1re question, sur 321 vœux exprimés, 156 jugeaient le certificat d'études suffisant, ces 156 vœux devaient, logiquement, déclarer inutile l'examen formant le dispositif principal de cette seconde question, mais au contraire nous voyons

248 vœux se manifester en faveur de cet examen! Il y a là un mystère que nous ne nous chargeons pas d'approfondir.

Alors même que l'enfant se présenterait muni du certificat d'études, voire même accompagné d'un certificat du directeur de l'école où l'enfant aurait étudié, cet examen s'impose; de plus, il serait même très utile pour le cas où il y aurait plusieurs candidats, parce qu'il permettrait au patron de se rendre compte de la valeur de chacun d'eux et de faire son choix.

Votre commission permanente s'est donc ralliée au vœu général et a adopté les conclusions suivantes sur la 2ᵉ question :

CONCLUSIONS

Oui, cet examen s'impose, et de plus, le patron engageant en quelque sorte sa responsabilité en prenant un apprenti, lui seul a mandat pour examiner l'enfant qu'il se propose de recevoir dans ses ateliers.

Elle estime, en outre, que cet examen devra embrasser les connaissances nécessaires pour justifier d'une bonne instruction primaire au-dessus de la moyenne, en insistant tout particulièrement sur la connaissance de l'orthographe et des règles qui la régissent.

Cet examen, écrit autant que possible, comporterait :

a) Une dictée (*orthographe*);

b) Quelques questions sur les règles de syntaxe (*accords des participes*);

c) Quelques questions sur l'histoire de France (Louis XIV à nos jours) *facultatif;*

d) Une composition facile de style;

e) Éléments de géographie (cinq parties du monde);

f) Arithmétique (quatre règles et éléments de fractions et de système métrique).

En cas d'admission le patron devra, en outre, exiger le certificat médical prescrit par les lois du 23 février 1851 et du 2 novembre 1892; ce certificat justifiera des aptitudes physiques de l'enfant.

3ᵉ **Question.**

Après l'admission d'un apprenti, ne trouvez-vous pas qu'il serait indispensable de lui faire subir, trois mois *après son entrée, un deuxième examen susceptible d'éclairer le patron sur les aptitudes de l'apprenti et de permettre à l'enfant de juger de ses dispositions pour la profession ?*

Maîtres imprimeurs................ .. 270 réponses.
Sections ouvrières................... 51   —

Soit 321 réponses décomposées comme suit :

RÉPONSES DES MAITRES IMPRIMEURS	RÉPONSES DES SECTIONS
220 oui.	46 oui.
43 non.	
7 abstentions.	5 non.
Total... 270	Total... 51

A l'expiration des trois premiers mois considérés comme *période d'essai,* cet examen serait, en effet, très utile, parce que, au bout de ce temps, patron et apprenti auront eu le temps de se rendre compte des aptitudes et des dispositions; de plus, il est très juste et de l'intérêt de tous qu'un apprentissage qui ne paraît devoir donner aucun résultat ne soit pas prolongé au delà de ce temps.

Votre commission permanente a adopté les conclusions suivantes pour cette 3ᵉ question :

CONCLUSIONS

Afin de permettre au patron de se rendre compte des aptitudes de l'enfant et de donner à celui-ci le temps nécessaire pour reconnaître ses aptitudes pour la profession, un nouvel examen devra être passé par l'apprenti, trois mois après son entrée dans les ateliers, période pendant laquelle l'enfant devra être uniquement employé à l'étude technique de la profession.

Le patron a le mandat d'examiner l'apprenti.

Durant cette période, ou à son expiration, les parties pourront se dégager, s'il y a lieu: au contraire, si les aptitudes sont reconnues par le patron, un contrat d'apprentissage interviendra entre ce dernier et les parents, tuteur ou représentant de l'enfant; les trois mois de la période d'essai compteraient, alors, dans la durée effective de l'apprentissage.

4° **Question.**

Selon votre avis, l'élaboration d'un contrat d'apprentissage uniforme pour toute la France (en tant que formule d'engagement, la question des salaires restant réservée suivant les usages locaux) *constituerait-elle une amélioration ?*

Maîtres imprimeurs.................. 270 réponses.
Sections ouvrières................. .. 51 —

Soit 321 réponses décomposées comme suit :

RÉPONSES DES MAITRES IMPRIMEURS	RÉPONSES DES SECTIONS
200 oui.	49 oui.
60 non.	2 non.
10 abstentions.	
Total... 270	Total... 51

Votre commission permanente a adopté les conclusions suivantes pour cette 4e question :

CONCLUSIONS

L'importance d'un contrat uniforme pour toute la France, en tant que contrat d'engagement, présentant des avantages multiples, la commission permanente adopte sans débat le principe de l'uniformité de rédaction du contrat, la question de gratification restant subordonnée aux usages locaux ou d'ateliers.

Nota. — Des indications très utiles concernant la forme à donner au contrat (contrat en double sur timbre ou livret) nous ont été adressées par M. Chaix, l'éminent imprimeur parisien, mais trop tardivement pour qu'elles aient pu être discutées en commission permanente; le rapporteur vient ici, et au nom de la commission, exprimer à cet excellent confrère ses regrets de n'avoir pu délibérer sur ses bons avis et lui adresser des remerciements bien sincères.

5ᵉ Question.

Quelle est la limitation actuelle du nombre d'apprentis en usage dans votre localité, le chiffre de compositeurs pris comme base?

Maîtres imprimeurs.................. 270 réponses.
Sections ouvrières .... 51 —

Soit 321 réponses décomposées comme suit :

RÉPONSES DES MAITRES IMPRIMEURS					RÉPONSES DES SECTIONS				
174	illimitée ou variable.				32	illimitée.			
1	restreinte.								
1	1 apprenti sur	20	composit.		1	1 apprenti sur	15	composit.	
3	1	—	— 12	—	1	1	—	— 10	—
10	1	—	— 10	—	2	1	—	— 8	—
1	1	—	— 9	—	2	1	—	— 7	—
6	1	—	— 8	—	1	1	—	— 6	—
4	1	—	— 7	—	6	1	—	— 5	—
6	1	—	— 6	—	1	1	—	— 4	—
20	1	—	— 5	—	3	1	—	— 3	—
11	1	—	— 4	—	2	1	—	— 2	—
16	1	—	— 3	—					
13	1	—	— 2	—					
4	1	—	— 1	—					
270					51				

6ᵉ Question.

Selon votre avis, une nouvelle limitation de ce nombre d'apprentis est-elle nécessaire?

Maîtres imprimeurs.................. 270 réponses.
Sections ouvrières .... 51 —

Soit 321 réponses décomposées comme suit :

RÉPONSES DES MAITRES IMPRIMEURS	RÉPONSES DES SECTIONS
95 oui.	44 oui.
91 non.	6 non.
84 abstentions.	1 abstention.
Total... 270	Total... 51

7ᵉ Question.

*Laquelle (un apprenti pour 2, 3, 4, 5, 6, 7, 8, 9, 10 composi-
teurs)?*

Maîtres imprimeurs.............. ..... 270 réponses.
Sections ouvrières................... 51 —

Soit 321 réponses décomposées comme suit :

RÉPONSES DES MAITRES IMPRIMEURS	RÉPONSES DES SECTIONS
119 abstentions.	6 abstentions.
6 pour 1 apprenti sur 2 comp.	7 pour 1 apprenti sur 4 compos.
19 — 1 — — 3 —	
21 — 1 — — 4 —	12 — 1 — — 5 —
49 — 1 — — 5 —	8 — 1 — — 6 —
14 — 1 — — 6 —	8 — 1 — — 7 —
3 — 1 — — 7 —	4 — 1 — — 8 —
9 — 1 — — 8 —	5 — 1 — — 10 —
25 — 1 — — 9 —	1 — 3 — — 10 —
2 — 1 — — 10 —	
1 — 1 — — 100 —	
270	51

En examinant ces trois questions, vous remarquerez que
sur la première d'entre elles, demandant quelle est la limitation actuelle, sur les 321 réponses obtenues, 206 indiquent
une limitation variable, c'est-à-dire illimitée, soit plus de
60 p. 100 !! Cette constatation peut se passer de commentaires.

Sur la 6ᵉ question, nous voyons 139 vœux se manifester
en faveur d'une nouvelle limitation lesquels, augmentés des
85 abstentions, peuvent nous faire supposer que la majorité se
prononce pour cette nouvelle limitation qui ne rencontre en
somme que 97 adversaires se prononçant nettement contre.

Nous sommes donc amenés à supposer qu'une nouvelle
limitation devrait être établie de telle sorte que les apprentis
puissent être employés comme ouvriers dans la maison d'apprentissage, à moins de cas imprévu ou de force majeure.

En effet, rien n'est plus nuisible à l'apprentissage et, par
suite, à l'apprenti, que de ne pouvoir garder celui-ci après son
temps d'apprentissage terminé et de l'obliger à chercher du
travail ailleurs. Il trouvera difficilement à se caser de façon

stable et sera bien souvent réduit à ne faire que des coups de main; de là au chômage que nos efforts tendent à réduire, il n'y a qu'un pas.

La situation actuelle le prouve d'ailleurs surabondamment, et si dans le passé une limitation raisonnable du nombre des apprentis avait été observée, nous ne verrions pas, aujourd'hui, l'attristant spectacle de nombreux ouvriers quotidiennement à la recherche de ce travail qui leur permettrait de suffire à la subsistance de chaque jour pour eux et leurs proches.

Il est donc nécessaire, pour pouvoir occuper les apprentis comme ouvriers dans la maison qui s'est chargée de leur éducation professionnelle, de ne prendre que le nombre d'apprentis voulu pour combler les vides qui se produisent annuellement, en prenant pour base la moyenne de plusieurs années; il s'agit, bien entendu, des vides définitifs (départs volontaires, renvois, décès) du personnel stable, c'est-à-dire du personnel occupé de façon régulière.

On ferait sagement aussi de compter sur les mutations occasionnées par le service militaire (départ, retour); de cette manière il sera possible d'exiger le maximum d'effort de l'apprenti, et de son côté, ce dernier, sachant qu'il peut compter sur sa maison d'apprentissage tant qu'il n'aura pas démérité, et cela après comme avant son service militaire, sera plus dévoué à son patron, d'où avantage pour tous.

D'ailleurs, le fait de ne faire des apprentis que pour obtenir une main-d'œuvre moins élevée tant que dure l'apprentissage, et les rejeter, pour ainsi dire, ensuite sur le pavé, constitue un acte inadmissible, car ce sont toujours des jeunes gens qui ont grand besoin de gagner leur vie et souvent aussi celle de leurs ascendants, que l'on exposerait aux pires souffrances.

Sur ces trois questions résumées en une seule, votre commission permanente a adopté les conclusions suivantes :

CONCLUSIONS

La commission permanente se prononce pour une nouvelle limitation graduelle, uniforme pour toute la France.
Cette limitation ne pourra être supérieure aux proportions suivantes :

1 apprenti sur	6 compositeurs pour maison employant de			1 à 6 compositeurs.	
1	—	7	—	—	7 à 14	—
1	—	8	—	—	15 à 24	—
1	—	9	—	—	25 à 36	—
1	—	10	—	—	37 à 50	—
1	—	11	—	—	51 à 100	—
1	—	12	—	—	101 et au-dessus.	

N. B. — Sont comptés comme ouvriers, pour cette limitation, les petits ouvriers de quatrième et cinquième années.

8ᵉ Question.

Seriez-vous partisan d'une durée uniforme de l'apprentissage ?

Maîtres imprimeurs.................. 270 réponses.
Sections ouvrières.................. 51 —

Soit 321 réponses décomposées comme suit :

RÉPONSES DES MAITRES IMPRIMEURS	RÉPONSES DES SECTIONS
214 oui.	48 oui.
48 non.	
8 abstentions.	3 non.
Total... 270	Total... 51

L'uniformité de la durée de l'apprentissage est si rationnelle que la majorité des vœux ne pouvait se prononcer qu'affirmativement, c'est ce qui a eu lieu.

Cette uniformité, très logique, donnera dans l'avenir aux patrons la certitude de n'embaucher comme ouvriers que des jeunes gens qui auront tous fait le même temps d'apprentissage, et par suite des ouvriers dont le savoir professionnel sera également uniforme ou à peu près uniforme, car dans cette appréciation nous devons tenir compte des différences d'assimilation, de tempérament et de goût des individus.

La commission permanente, écartant quelques objections faites par plusieurs maîtres imprimeurs, objections qui envisageaient plutôt des intérêts d'ordre privé que les intérêts généraux de la corporation, adopte pour la 8° question la conclusion suivante :

CONCLUSION

L'uniformité de durée effective d'apprentissage est adoptée.

9° Question.

Quelle durée vous semble indispensable?

Maîtres imprimeurs.................. 270 réponses.
Sections ouvrières.................. 51 —

Soit 321 réponses décomposées comme suit :

RÉPONSES DES MAITRES IMPRIMEURS	RÉPONSES DES SECTIONS
13 pour 2 ans.	26 pour 3 ans.
130 — 3 —	20 — 4 —
90 — 4 —	4 — 5 —
14 — 5 —	1 — 2 —
2 — 6 —	
4 — variable.	
17 abstentions.	Total... 51
Total... 270	

L'ensemble des vœux semble se prononcer pour une courte durée; en effet, 169 demandent une durée de deux à trois ans; par contre 152 s'abstiennent ou expriment le désir de voir cette durée portée à quatre, cinq ou six ans.

Nous estimons, Messieurs, que les réponses qui composent cette majorité ont été plutôt dictées par la force de l'habitude contractée que par le raisonnement; il est en effet admis par l'usage de faire actuellement, après trois années d'apprentissage, des ouvriers incapables, que leur incapacité même expose au chômage persistant.

Il paraît inadmissible que trois années soient suffisantes pour mener à bonne fin une éducation typographique réellement digne de ce nom, car en défalquant de cette durée le temps passé au rangement de matériel, au nettoyage des ateliers, aux courses, à la tenue de la copie et à une quantité de petits services que le patron se croit en droit d'exiger de l'apprenti, temps que nous estimons, au bas mot, équivaloir à une année, il ne resterait donc que deux années pour compléter l'enseignement typographique de l'enfant, temps, vous le reconnaîtrez avec nous, notoirement insuffisant.

Nous estimons nécessaires cinq années effectives, dont les trois premières années pour *l'apprentissage réel* et les deux dernières années, *années de perfectionnement* durant lesquelles l'apprenti pourrait être considéré comme *petit ouvrier*.

D'autre part, il nous paraît difficile de prévoir un laps de temps plus long puisque par suite des examens subis par l'apprenti, à l'entrée dans les ateliers et après la période d'essai de trois mois, le patron ayant, pour ainsi dire, fait une sélection, sera à peu près certain d'avoir contracté l'engagement d'apprentissage avec un ou des sujets d'élite qui, apportant de leur côté du zèle et de l'intelligence, devront, au bout de cinq années, être aptes à faire de bons ouvriers, sur les services desquels les patrons seront en droit de compter.

En conséquence de cette observation, la commission permanente adopte, sur cette 9ᵉ question, les conclusions suivantes :

CONCLUSIONS

La commission permanente adopte le principe de la durée uniforme de cinq années effectives d'apprentissage dont trois années d'apprentissage réel ; les deux dernières années l'apprenti serait considéré comme petit ouvrier.

10ᵉ Question.

Êtes-vous partisan de la gratuité complète de l'apprentissage ?

Maîtres imprimeurs.................. 270 réponses.
Sections ouvrières .... 51 —

Soit 321 réponses décomposées comme suit :

RÉPONSES DES MAITRES IMPRIMEURS	RÉPONSES DES SECTIONS
26 oui.	14 oui.
	31 non.
244 non.	6 abstentions.
Total... 279	Total... 51

11e **Question.**

Ou bien alors de rétribuer l'apprenti après un certain laps de temps?

Maîtres imprimeurs................... 270 réponses.
Sections ouvrières.................... 51   —

Soit 321 réponses décomposées comme suit :

RÉPONSES DES MAITRES IMPRIMEURS	RÉPONSES DES SECTIONS
244 oui.	40 oui.
26 non.	3 non.
	8 abstentions.
Total... 270	Total... 51

La presque unanimité se prononce contre la non-rétribution de l'apprentissage et pour le principe que l'enfant doit être récompensé selon les services rendus.

D'ailleurs, et dans la majeure partie des cas, les nécessités de la vie ne permettraient pas aux familles de placer leurs enfants durant trois années sans rétribution aucune.

Votre commission permanente, d'accord avec la majorité des vœux exprimés, a voté les conclusions suivantes sur les 10e et 11e questions :

CONCLUSIONS

L'enfant doit être récompensé, ne serait-ce qu'à titre d'encouragement; partant de ce principe, la commission rejette la non-rétribution absolue de l'apprentissage et formule le vœu de voir l'enfant récompensé au fur et à mesure des services rendus pendant les trois années d'apprentissage réel (les trois premiers mois de la période d'essai exceptés), sans toutefois que la gratification accordée constitue un salaire ou représente un droit pour l'apprenti.

12ᵉ Question.

Êtes-vous d'avis de considérer l'apprenti, après trois années, comme demi-ouvrier *jusqu'à la fin de son apprentissage ?*

Maîtres imprimeurs.................. 270 réponses.
Sections ouvrières .... 51 —

Soit 321 réponses décomposées comme suit :

RÉPONSES DES MAITRES IMPRIMEURS	RÉPONSES DES SECTIONS
200 oui.	41 oui.
36 non.	5 non.
34 abstentions.	5 abstentions.
Total... 270	Total... 51

Tout en combattant l'idée de constituer un groupe à part des apprentis de quatrième et cinquième années, qui n'auraient que trop de tendances à se soustraire à leurs obligations contractuelles, et restant bien entendu que tout apprenti qui n'a pas terminé son temps d'apprentissage ne peut être considéré que comme apprenti, nous estimons que ce dernier peut et doit être rétribué comme *petit ouvrier* durant les quatrième et cinquième années seulement, et après les trois premières années effectives d'apprentissage réel; c'est d'ailleurs ce qui se passe actuellement dans la majeure partie des imprimeries de province et de Paris; ce n'est donc pas une innovation, mais bien la généralisation d'une mesure juste en elle-même que nous vous proposons.

Nous basons cette appréciation sur ce point : le patron ayant accepté comme apprentis des sujets hors choix, et ayant surveillé de près leur éducation professionnelle, nul doute qu'à l'expiration de la troisième année ces apprentis ne soient aptes à rendre déjà des services appréciables; hors, le meilleur moyen d'appréciation est la rémunération des services rendus, proportionnellement à leur valeur.

La commission permanente a adopté sur cette 12ᵉ question les conclusions suivantes :

CONCLUSIONS

Si ses capacités lui créent ce droit, le petit ouvrier, *durant les quatrieme et cinquième années, doit être rétribué selon ses aptitudes et ses capacités.*

13ᵉ Question.

Pensez-vous qu'en fin d'apprentissage l'apprenti doive passer un examen justifiant de ses connaissances du métier ?

Maîtres imprimeurs.................. 270 réponses.
Sections ouvrières.................. 31 —

Soit 321 réponses décomposées comme suit :

RÉPONSES DES MAITRES IMPRIMEURS	RÉPONSES DES SECTIONS
188 oui.	41 oui.
71 non.	7 non.
11 abstentions.	3 abstentions.
Total... 270	Total... 31

Tout en tenant compte, Messieurs, de l'imposante majorité qui se prononce pour l'examen en fin d'apprentissage lequel sera, en quelque sorte, la consécration *officielle* (nous ne craignons pas de prononcer le mot) du savoir du futur ouvrier, il faut, et nous devons tenir compte des objections qui ont été faites sur l'opportunité de cet examen. Nous vous citons entre autres celle-ci :

« Réponse : Non.

» Quoiqu'on fasse, les apprentissages diffèrent toujours entre eux selon les conditions dans lesquelles ils sont faits.

» Cela tient à la valeur personnelle de l'apprenti et à l'enseignement professionnel reçu. Cet enseignement professionnel n'étant pas partout le même, il y aura toujours des degrés dans la valeur des apprentis ayant terminé leur apprentissage.

» Les élèves d'une école professionnelle, par exemple, auront généralement un avantage sur ceux qui seront formés dans les ateliers directement, parce que l'instruction professionnelle qui est donnée à ceux-là est plus suivie, et que les examens de force graduée auxquels ils sont soumis sont pour eux un stimulant et constituent une méthode d'enseignement efficace.

» De plus, dans une école, les élèves, dans leur ensemble, se suffisent à eux-mêmes, peuvent mener à bien et complètement tous les genres de travaux, depuis la composition des lignes jusqu'à l'imposition et la mise en pages. Au contraire, les apprentis qui sont incorporés tout de suite dans les ateliers, avec les ouvriers, ne reçoivent pas une instruction professionnelle aussi complète ; ils sont, dans les premiers mois tout au moins, employés à des corvées de toutes sortes, et, en tout cas, ils n'apprennent généralement qu'imparfaitement le métier. Il n'y a guère que les excellents sujets qui, grâce à leurs efforts personnels, puissent devenir de bons ouvriers.

» Dans ces conditions, il ne me semble pas possible de faire subir, utilement, un examen de fin d'apprentissage.

» Il faut admettre, d'ailleurs, que lorsqu'un apprenti s'est maintenu dans sa maison d'apprentissage, il doit être considéré comme ouvrier à la fin de cet apprentissage.

» Il sera toujours possible de ne pas garder, à ce moment, un apprenti qui n'a donné que médiocre satisfaction et qui ne paraît devoir réussir comme ouvrier..... »

L'objection, ainsi formulée, a une réelle valeur ; elle porte surtout sur l'ensemble d'une école professionnelle d'apprentissage, mais il y a école et école et nous estimons que les élèves fournis par des écoles particulières ainsi qu'il en existe dans plusieurs de nos grandes imprimeries, posséderont toujours beaucoup plus d'aptitudes et de capacités que ceux fournis par les écoles nationales ou municipales.

Nous ne doutons pas que l'instruction théorique soit plus développée dans ces écoles, où tout un personnel spécial est attaché à l'enseignement d'un groupe d'apprentis ; mais nous croyons pouvoir affirmer que tout ce groupe aura été, en quelque sorte, *stéréotypé dans un même flan*, et par suite imbu de principes et d'une éducation identiques qui ne sortiront pas d'un *iota* d'un programme tracé à l'avance par les besoins ou les règlements des maisons qui auront formé ces apprentis ; mais admettez un instant que l'un de ces derniers, devenu ouvrier, cherche à se caser ailleurs, pensez-vous qu'il aura les aptitudes suffisantes pour remplir les multiples fonctions qu'une maison pourra exiger de lui? nous ne le croyons pas, et selon notre avis, le meilleur compositeur-typographe sera encore celui qui aura été éduqué dans un milieu où la nature des travaux ainsi que leurs exigences spéciales se modifient pour ainsi dire chaque jour, pour ne pas dire chaque heure du jour.

L'objection que nous venons de citer reconnaît bien que les excellents sujets, seuls, peuvent acquérir une bonne éducation professionnelle en dehors des écoles, mais, dans l'avenir, par la sélection que nous avons le désir de voir appliquée, est-ce que les apprentis acceptés définitivement ne feront pas partie de cette phalange?

Il nous paraît donc rationnel que l'apprenti isolé, c'est-à-dire celui qui recevra l'enseignement professionnel dans l'atelier, puisse obtenir à la fin de son apprentissage la consécration des efforts qu'il aura faits pendant cinq années, consécration qui lui permettra, soit de tenir avec honneur l'emploi que lui confiera le patron éducateur, soit de pouvoir se présenter avec plus d'assurance, s'il possède la justification de ses aptitudes particulières, dans les imprimeries où il demandera du travail.

La commission permanente adopte, sur cette 13° question, les conclusions suivantes :

CONCLUSIONS

Le principe de l'examen passé en fin d'apprentissage est adopté.

14ᵉ Question.

Si oui, qui examinerait cet apprenti,
Une commission patronale ?
Une commission mixte, patronale et ouvrière ?

Maîtres imprimeurs.................... 270 réponses.
Sections ouvrières........ .... 51 —

Soit 321 réponses décomposées comme suit :

RÉPONSES DES MAITRES IMPRIMEURS

251 pour 1 commission mixte.
 10 — 1   —   patronale.
  1 — 1   —   purement ouvrière.
  2 par le patron seulement.
  6 abstentions.

Total... 270

RÉPONSES DES SECTIONS

48 pour commissions mixtes.
 3 abstentions.

Total... 51

La presque unanimité se prononce pour l'examen passé devant des commissions mixtes locales, patronales et ouvrières ; ce qui est logique, car il est de toute justice que les ouvriers participent eux-mêmes aux examens de ceux destinés à devenir prochainement leurs pairs ; ce sera d'ailleurs un gage de plus que ces épreuves seront appliquées avec la plus grande impartialité.

La commission permanente adopte, sur cette 14ᵉ question, les conclusions suivantes :

CONCLUSIONS

L'examen passé devant une commission mixte patronale et ouvrière offrant, surtout pour les petites localités, un gage d'impartialité presque indiscutable, la commission émet le vœu de voir se former des commissions mixtes d'examen partout où il y aura possibilité de les constituer. Ces commissions mixtes devraient être locales autant que possible, afin d'éviter aux examinés, comme aux examinateurs, des frais de déplacement toujours onéreux.

15ᵉ Question.

Les éléments nécessaires pour constituer ces commissions exis-
tent-ils dans votre localité?

Maîtres imprimeurs................... 270 réponses.
Sections ouvrières.................... 51   —
Soit 321 réponses décomposées comme suit :

RÉPONSES DES MAITRES IMPRIMEURS	RÉPONSES DES SECTIONS
147 oui.	43 oui.
96 non.	7 non.
27 abstentions.	1 abstention.
Total... 270	Total... 51

16ᵉ Question.

Existe-t-il dans votre localité un syndicat patronal?

Maîtres imprimeurs................... 270 réponses.
Sections ouvrières.................... 51   —
Soit 321 réponses décomposées comme suit :

RÉPONSES DES MAITRES IMPRIMEURS	RÉPONSES DES SECTIONS
80 oui.	24 oui.
183 non.	27 non.
7 abstentions.	
Total... 270	Total... 51

17ᵉ Question.

Existe-t-il dans votre localité un syndicat ouvrier?

Maîtres imprimeurs................... 270 réponses.
Sections ouvrières.................... 51   —
Soit 321 réponses décomposées comme suit :

RÉPONSES DES MAITRES IMPRIMEURS	RÉPONSES DES SECTIONS
160 oui.	51 oui.
100 non.	
10 abstentions.	
Total... 270	

Il résulte, messieurs, de l'ensemble de ces trois questions et des réponses formulées, que les moyens de créer des commissions mixtes d'examen existent à peu près partout, mais étant donnée la différence considérable entre le nombre des syndicats ouvriers et celui des syndicats patronaux, il y aura lieu de prendre parmi les maîtres imprimeurs beaucoup d'entre eux ne faisant partie d'aucun syndicat, voire même de l'Union des Maîtres Imprimeurs.

Quoiqu'il en soit, ces trois questions visant les moyens d'exécution d'un vœu, le rôle de la commission se borne tout simplement à fournir les renseignements reçus. Le principe d'examen étant admis, ce serait par les soins des deux fédérations patronale et ouvrière que l'organisation devrait en être faite. Ce serait également par leurs soins que les commissions seraient instituées.

18e Question.

L'examen en fin d'apprentissage ne vous semble-t-il pas devoir être également imposé aux jeunes gens sortant d'une maison d'éducation religieuse ou laïque ?

Maîtres imprimeurs.................. 270 réponses.
Sections ouvrières.................. 51 —

Soit 321 réponses décomposées comme suit :

RÉPONSES DES MAÎTRES IMPRIMEURS	RÉPONSES DES SECTIONS
210 oui.	45 oui.
28 non.	3 non.
32 abstentions.	3 abstentions.
Total... 270	Total... 51

Vos délégués enquêteurs se sont bien gardés de l'idée de vouloir faire de cette question une question visant spécialement les établissements religieux, comme semblent devoir le supposer quelques réponses faites à leur questionnaire ?

Les bons effets du principe de l'examen ne pouvant se produire qu'autant que la mesure sera générale, cet examen doit être obligatoire pour tous les jeunes gens ayant terminé leur apprentissage.

La majorité des vœux exprimés étant conforme à l'opinion de la commission permanente, cette dernière a adopté les conclusions suivantes pour la 18ᵉ question :

CONCLUSIONS

La mesure de l'examen doit être égale pour tous, la commission formule le vœu qu'elle soit appliquée à tous les jeunes gens indistinctement, ayant terminé leur apprentissage et sortant de maisons d'éducation laïques ou religieuses, d'écoles professionnelles subventionnées ou libres.

Les commissions mixtes locales d'examen seraient chargées d'examiner ces jeunes gens.

19ᵉ Question.

Un apprenti ayant satisfait à l'examen, êtes-vous d'avis qu'un diplôme devra lui être délivré ?

Maîtres imprimeurs......... .... 270 réponses.
Sections ouvrières.................. 51 —

Soit 321 réponses décomposées comme suit :

RÉPONSES DES MAITRES IMPRIMEURS	RÉPONSES DES SECTIONS
206 oui.	37 oui.
45 non.	6 non.
19 abstentions.	8 abstentions.
Total... 270	Total... 51

L'examen étant admis, sa sanction, la preuve qu'il aura été passé avec succès, ne peuvent être représentées que par un certificat justificatif des aptitudes particulières de l'examiné.

Ce certificat pouvant présenter, au moment de l'embauchage, de multiples avantages, aussi bien pour le patron que pour son titulaire, la commission permanente vote pour cette 19ᵉ question les conclusions suivantes :

CONCLUSIONS

La commission est d'avis qu'un certificat justificatif des aptitudes particulières doit être délivré aux jeunes gens ayant satisfait à l'examen.

Étant donnée l'impartialité qui sera la règle de conduite des commissions mixtes d'examen, ce certificat devra représenter, pour le patron, la certitude d'embaucher des ouvriers capables et, pour ces derniers, un témoignage probant de leur savoir professionnel.

20ᵉ **Question.**

Prendriez-vous de préférence, dans l'avenir, les ouvriers munis de ce diplôme ?

Maîtres imprimeurs................... 270 réponses.
Sections ouvrières................... 51 —

Soit 321 réponses décomposées comme suit :

RÉPONSES DES MAITRES IMPRIMEURS	RÉPONSES DES SECTIONS.
238 oui.	37 oui.
23 non.	5 non.
9 abstentions.	9 abstentions.
Total... 270	Total... 51

Votre commission permanente n'a pas à conclure sur cette question et doit, pour sa solution, s'en rapporter nécessairement au bon sens des patrons qui auront tout intérêt à employer, de préférence, les jeunes ouvriers porteurs du certificat d'examen.

21ᵉ **Question.**

Êtes-vous d'avis d'assimiler les receveurs de feuilles et les margeurs aux apprentis et demi-ouvriers compositeurs, et de leur appliquer les règles d'apprentissage faisant l'objet de ce questionnaire ?

Maîtres imprimeurs................... 270 réponses.
Sections ouvrières................... 51 —

Soit 321 réponses décomposées comme suit :

RÉPONSES DES MAITRES IMPRIMEURS	RÉPONSES DES SECTIONS
60 oui.	30 oui.
141 non.	16 non.
49 abstentions.	5 abstentions.
Total... 270	Total... 51

Cette question, en dehors du programme que nous avait tracé la Commission mixte, a été posée au cours de nos travaux par M. Loiseau, du syndicat des margeurs-conducteurs.

L'étude de cette question différant de beaucoup de celle de l'apprentissage des compositeurs-typographes, il ne peut y avoir de règlementation commune aux deux professions. Votre commission permanente a cru devoir remettre l'étude de cette proposition à la prochaine session de la Commission mixte patronale et ouvrière, M. Loiseau se réservant, d'ailleurs, de nous faire connaître le rapport appuyé de conclusions qu'il a établi sur ce sujet.

Le décompte des vœux qui ont été donnés ci-dessus n'est donc qu'à titre purement indicatif.

D'après les conclusions adoptées sur l'ensemble du questionnaire, et pour compléter le travail que vous lui aviez confié, votre commission permanente a dressé les projets de réglementation générale et de contrat, dont je vais vous donner lecture pour terminer ce rapport.

COMMISSION MIXTE PATRONALE ET OUVRIÈRE

UNION
DES MAITRES IMPRIMEURS
de France

FÉDÉRATION FRANÇAISE
des
TRAVAILLEURS DU LIVRE

PROJET

DE

RÉGLEMENTATION GÉNÉRALE DE L'APPRENTISSAGE

DANS LA TYPOGRAPHIE

RÈGLEMENT GÉNÉRAL CONCERNANT LES APPRENTIS COMPOSITEURS-TYPOGRAPHES

ARTICLE PREMIER. — Pour être admis en apprentissage comme compositeur-typographe, les enfants devront avoir treize ans révolus, être munis du certificat d'études primaires et du certificat médical d'aptitudes physiques, conformément aux lois du 23 février 1851 et du 2 novembre 1892.

ART. 2. — L'enfant muni ou non du certificat d'études primaires devra, s'il se présente comme apprenti compositeur, témoigner d'une instruction primaire au-dessus de la moyenne ; à cet effet, l'enfant se soumettra aux épreuves d'un examen que lui fera passer le chef d'établissement.

Cet examen, écrit, porterait sur les points suivants :

a) Une dictée (écriture et orthographe) en insistant tout particulièrement sur la connaissance de l'orthographe et des règles qui la régissent.

b) Questions faciles sur des règles de syntaxe (principalement sur l'accord des participes).

c) Composition facile de style.

d) Histoire de France (Louis XIV à nos jours), *facultatif*.

e) Géographie élémentaire des cinq parties du monde.

f) Arithmétique (les quatre règles et éléments de fractions et de système métrique).

3

Les candidats qui ne posséderaient pas une bonne instruction élémentaire au-dessus de la moyenne seraient rigoureusement écartés.

Art. 3. — Trois mois après l'entrée de l'enfant en apprentissage (ces trois mois considérés comme *période d'essai*), si le patron ne juge pas les dispositions de l'apprenti suffisantes, ou si l'enfant ne se reconnaît pas d'aptitudes pour la profession, les parties pourront se dégager sans qu'aucune d'elles puisse prétendre à une indemnité ; au contraire, si le patron accepte définitivement de se charger de l'éducation professionnelle de l'enfant, un contrat d'apprentissage interviendrait entre le chef de l'établissement et les parents, tuteur ou représentant de l'enfant.

La rédaction du contrat est uniforme pour toute la France, en tant que contrat d'engagement ; le chiffre du dédit, s'il y en a un stipulé, restera subordonné aux usages locaux ou d'ateliers et à une entente préalable entre les parties contractantes.

Art. 4. — Les apprentis doivent fournir leurs outils, sinon en entrant, tout au moins après la période d'essai de trois mois dont il est parlé à l'article précédent.

Art. 5. — Le nombre d'apprentis, dans chaque atelier, ne devra pas être supérieur aux proportions suivantes :

1 apprenti sur	6 compositeurs dans les maisons employant de	1 à 6 compositeurs.
1 —	7 —	— 7 à 14 —
1 —	8 —	— 15 à 24 —
1 —	9 —	— 25 à 37 —
1 —	10 —	— 37 à 50 —
1 —	11 —	— 51 à 124 —
1 —	12 —	— 120 composit. et plus.

N. B. — Sont considérés comme ouvriers les petits ouvriers de quatrième et cinquième années.

Art. 6. — La durée de l'apprentissage complet, uniforme pour toute la France, est fixée à cinq années divisées en deux périodes : 1° Trois années effectives d'*apprentissage réel ;* 2° Deux années (les quatrième et cinquième) durant lesquelles l'apprenti sera considéré comme *petit ouvrier.*

La période d'essai de trois mois dont il est parlé à l'article 4 sera comprise dans la durée effective des trois premières années dites d'*apprentissage réel.*

Art. 7. — La journée de travail pour les apprentis est fixée à 10 heures, comme celle des ouvriers.

Art. 8. — Les apprentis sont tenus, à l'expiration des trois premières années, de compléter la durée effective de l'apprentissage réel, en fournissant une période de temps égale à celle perdue par suite d'absences, de maladies ou de toute autre cause.

ART. 9. — Les apprentis doivent se montrer polis, respectueux et prévenants envers leurs patrons et tout le personnel de la maison où ils travaillent.

Pendant les trois premières années seulement, *les trois premiers mois de la période d'essai exceptés,* indépendamment de l'étude technique et matérielle de la profession, l'apprenti pourra être employé à faire les nettoyages d'atelier, les courses nécessaires, sans qu'il puisse, de ce chef, élever aucune réclamation.

Toutefois le temps pris par ces nettoyages et courses ne pourra excéder la quantité de douze heures par semaine.

ART. 10. — Durant la période d'essai de trois mois prescrite par l'article 4, les apprentis ne recevront aucune gratification; passé ce délai, et jusqu'à la fin de la troisième année, ils pourront être récompensés au fur et à mesure des services rendus; cette gratification, accordée à titre de récompense, ne constituera pas un salaire et n'impliquera aucun droit pour l'apprenti. Cette gratification est laissée à l'appréciation du patron, qui restera seul juge pour en fixer le taux.

Les quatrième et cinquième années, seulement, l'apprenti sera considéré comme petit ouvrier et rétribué selon les services rendus.

ART. 11. — L'apprenti, à moins de cas de force majeure, doit faire entièrement ses cinq années d'apprentissage dans la même maison; l'inobservation de cette clause exposerait les parents, tuteur ou représentant de l'enfant au paiement du dédit dont il est parlé à l'article 4.

De plus, les apprentis qui, sans motif plausible, quitteraient leurs patrons avant l'expiration des cinq années :

1º Ne pourraient être embauchés pendant une durée de deux années dans aucune des imprimeries ressortissant de l'Union des Maîtres Imprimeurs de France;

2º Ne seraient pas admis, pendant la même période de temps, à faire partie de la Fédération française des Travailleurs du Livre.

Par contre, les maîtres imprimeurs s'obligent à leur faire enseigner, dans la mesure de leurs moyens, la profession de compositeur pendant la durée effective de cinq années, durant lesquelles le patron devra agir vis-à-vis d'eux en bon père de famille.

ART. 12. — Les apprentis dont l'incapacité notoire, la paresse, la grossièreté ou la mauvaise conduite seront jugées incorrigibles, pourront être renvoyés après avis aux parents, tuteur ou représentant, sans que ces derniers puissent élever des réclamations contre cette décision.

Les parents, tuteur ou représentant de l'enfant pourraient être dans ce cas (l'incapacité exceptée) passibles du paiement du dédit stipulé à l'article 4.

Les patrons ne sont pas tenus de conserver un apprenti ayant subi une condamnation infamante.

En cas de préjudice matériel volontaire causé par un apprenti, les répondants sont civilement responsables du dommage causé.

ART. 13. — En garantie du paiement du dédit qui pourra être stipulé et prévu par l'article 4, le patron pourra exercer une retenue du quart de la gratification des trois premières années et des salaires des quatrième et cinquième années, jusqu'à concurrence du prix du dédit arrêté par les parties contractantes.

Cette retenue sera rendue aux ayants-droit à l'expiration de la cinquième année effective de l'apprentissage.

ART. 14. — A la fin de l'apprentissage, c'est-à-dire à la fin de la cinquième année, le patron délivrera à l'apprenti un certificat constatant que ce dernier a rempli ses engagements et qu'il est bien préparé pour passer l'examen dont il est fait mention à l'article suivant.

ART. 15. — Tous les apprentis, en fin d'apprentissage, devront se présenter pour être examinés, dans leur plus prochaine session, devant les commissions mixtes patronales et ouvrières instituées à cet effet dans les localités ou régions.

Cet examen a pour objet de juger si le candidat a acquis les connaissances professionnelles nécessaires.

ART. 16. — L'examen prescrit par l'article 16 est obligatoire pour tous les jeunes gens arrivant au terme de l'apprentissage, qu'ils sortent ou non de maisons d'éducation religieuses ou laïques, d'écoles professionnelles subventionnées ou libres.

ART. 17. — Si le candidat satisfait entièrement aux conditions de l'examen, un certificat justificatif de ses aptitudes particulières lui sera délivré par la commission d'examen.

ART. 18. — Les patrons faisant partie de l'Union des Maîtres Imprimeurs de France sont instamment priés d'accepter, de préférence, parmi les jeunes ouvriers, ceux qui, n'étant pas conservés par le patron éducateur, seront porteurs du certificat patronal et du certificat délivré par les commissions d'examen, et mentionnés aux articles 15 et 18.

ART. 19. — Ne sont pas considérés comme apprentis les jeunes gens dont les occupations consistent exclusivement en courses, nettoyage et appropriation de matériel et d'atelier; ils ne peuvent être employés et considérés que comme aides-manœuvres.

ART. 20. — Pour toutes les autres questions de droit, d'hygiène, de travail de nuit, de retenues et amendes, les patrons et les apprentis sont dans l'obligation de se conformer aux lois et règlements en vigueur, notamment aux lois du 23 février 1851 et du 2 novembre 1892, ainsi qu'aux usages de la profession et de l'atelier.

ART. 21. — Le présent règlement entrera en vigueur dès qu'il aura été adopté et promulgué par les deux fédérations patronale et ouvrière.

Il sera affiché par leurs soins dans tous les ateliers ressortissant de l'Union des Maîtres Imprimeurs de France et dans toutes les sections de la Fédération française des Travailleurs du Livre.

Un exemplaire en sera remis aux parents, tuteurs et représentants des enfants se présentant pour l'apprentissage.

ART. 22. — Tous les membres faisant partie de l'Union des maîtres imprimeurs de France et de la Fédération française des travailleurs du livre, déclarent accepter les termes du présent règlement; ils s'engagent à l'observer et à en surveiller l'application.

ARTICLE ADDITIONNEL. — Les apprentis qui termineront leur apprentissage avant la mise en vigueur du présent règlement pourront néanmoins, en justifiant d'un apprentissage régulier et complet, solliciter la délivrance du certificat patronal dont il est parlé à l'article 15 et concourir pour l'obtention du certificat mentionné à l'article 18.

UNION
DES MAITRES IMPRIMEURS
de France.

PROJET

FÉDÉRATION FRANÇAISE
des
TRAVAILLEURS DU LIVRE

DE

CONTRAT D'APPRENTISSAGE

Imprimerie *A. LE BONNARDEL*, rue *Serpentine*, n° 112, à *Longpont*.

CONTRAT D'APPRENTISSAGE

L'an mil huit cent quatre vingt-dix-neuf, le *cinq janvier*, entre les soussignés :

Monsieur Le Bonnardel, exerçant la profession d'imprimeur typographe, d'une part;

Et *Monsieur Charles Ducrocq*, demeurant rue *de la Cathédrale* n° 5, à *Longpont*, agissant en qualité de (1) *père* du nommé *Louis Ducrocq*, d'autre part;

Ont été arrêtées les conventions suivantes :

ARTICLE PREMIER. — *Monsieur Le Bonnardel* reçoit aux conditions ci-après, en qualité d'apprenti compositeur, le susnommé, né le 20 *décembre* 1886, actuellement âgé de 13 ans.

Réception.

ART. 2. — L'apprentissage aura une durée de cinq années effectives divisées en deux périodes : 1° trois années d'apprentissage réel; 2° deux années (les quatrième et cinquième) durant lesquelles le susnommé sera considéré comme petit ouvrier.

Durée de l'apprentissage.

ART. 3. — Le susnommé devra fournir ses outils, sinon en entrant, tout au moins après la période d'essai de trois mois stipulée à l'article 4.

Outils.

ART. 4. — Les trois premiers mois sont considérés comme période d'essai durant laquelle, ou à l'expiration de laquelle les parties contractantes pourront se dégager, sans qu'aucune d'elles puisse, de ce fait, prétendre à une indemnité.

Période d'essai.
Admission définitive.
Contrat.

L'admission définitive du nommé *Louis Ducrocq* sera donc résolue et les signatures échangées le premier jour du quatrième mois qui suivra l'entrée du susnommé, si *Monsieur Le Bonnardel* se charge définitivement de son éducation professionnelle; dans ce cas, les

(1) Père, Mère, Tuteur ou Représentant.

trois premiers mois constituant la période d'essai compteront dans la durée effective de l'apprentissage.

ART. 5. — *Monsieur Le Bonnardel* accordera au nommé *Louis Ducrocq*, pendant les trois premières années, les trois premiers mois de la période d'essai exceptés, des gratifications; toutefois, il est d'ores et déjà stipulé que ces gratifications ne constitueront pas un salaire, qu'elles n'impliqueront aucun droit pour le nommé *Louis Ducrocq* et que *Monsieur Le Bonnardel* se réserve la faculté de les réduire ou de les augmenter selon les services rendus par le susnommé, durant le cours de son apprentissage.

Gratifications

ART. 6. — A l'expiration des trois premières années, et pendant les quatrième et cinquième années seulement, si ses capacités lui créent ce droit, le nommé *Louis Ducrocq* sera considéré comme petit ouvrier et rétribué comme suit : 1° au tarif plein pour le travail aux pièces; 2° au demi-tarif durant la quatrième année; 3° aux deux tiers du tarif durant la cinquième année; ces deux derniers paragraphes s'entendent pour les travaux de conscience.

Salaires des quatrième et cinquième années.

ART. 7. — Si, pour une cause quelconque, du fait du nommé *Louis Ducrocq* ou de ses répondants, le susnommé quittait *Monsieur Le Bonnardel* avant l'expiration des cinq années effectives d'apprentissage; si, en cas d'incapacité notoire, de paresse, de grossièreté, de désobéissance et d'inconduite, *Monsieur Le Bonnardel* se trouvait dans l'obligation de congédier le nommé *Louis Ducrocq*, aucune réclamation ne serait admise au susnommé ou de ses répondants, du fait de cette décision; de plus, ces derniers seraient tenus vis-à-vis de *Monsieur Le Bonnardel* au paiement d'un dédit (cas d'incapacité excepté) fixé à la somme de *cent cinquante* francs.

Abandon de l'atelier. Renvoi. Dédit.

ART. 8. — En garantie de cette somme et jusqu'à concurrence de son montant, *Monsieur Le Bonnardel* pourra exercer une retenue du quart des gratifications accordées pendant les trois premières années et des salaires de quatrième et cinquième années; ladite somme sera remboursée aux ayants-droit à l'expiration de la durée effective de l'apprentissage.

Garantie du dédit.

ART. 9. — En cas de préjudice matériel volontaire causé par le nommé *Louis Ducrocq*, *Monsieur Charles Ducrocq*, *père* de l'enfant, sera civilement responsable du dommage causé.

Responsabilité civile en cas de préjudice matériel cause volontairement.

ART. 10. — *Monsieur Le Bonnardel* s'oblige à faire enseigner, dans la mesure de ses moyens, au nommé *Louis Ducrocq*, la profession de compositeur typographe pendant la durée effective de cinq années, durant lesquelles *Monsieur Le Bonnardel* agira vis-à-vis du susnommé en bon père de famille.

Obligations patronales.

ART. 11. — A l'expiration des trois premières années de l'apprentissage, le nomme *Louis Ducrocq* sera tenu de compléter la durée effective de cette période par une somme de temps égale à celui qu'il aurait perdu par suite d'absences, de maladies ou de toute autre cause.

ARTICLE ADDITIONNEL. — Pour toutes les autres questions de droit, d'hygiène, de travail de nuit, de retenues ou d'amendes, *Monsieur Le Bonnardel* et *Monsieur Charles Ducrocq, père* du nommé *Louis Ducrocq*, déclarent se mettre dans l'obligation de se conformer aux lois en vigueur, ainsi qu'au Règlement général de l'apprentissage appliqué actuellement et dont les termes ont été arrêtés d'un commun accord par les deux fédérations : « L'Union des Maîtres Imprimeurs de France et la Fédération française des Travailleurs du Livre », ainsi qu'aux usages de la profession et de l'atelier.

Monsieur Charles Ducrocq, père du nommé *Louis Ducrocq*, reconnaît avoir reçu *un* exemplaire du règlement général concernant l'apprentissage et en avoir pris connaissance.

Le présent contrat sera enregistré, s'il y a lieu, aux frais des représentants de l'enfant.

Fait en double et de bonne foi, à *Longpont*, le 5 *janvier* 1899.

Signature du père :	Signature du patron :
Charles Ducrocq.	*A. Le Bonnardel.*
Signature de l'apprenti :	
Louis Ducrocq.	

Telles sont, Messieurs, dans leur ensemble, les dispositions de l'étude de la question de l'apprentissage que vous nous avez confiée; nous espérons avoir rempli notre tâche sinon avec toute la perfection, tout au moins avec la conscience que demande le développement d'un sujet aussi important pour notre corporation.

Qu'il nous soit permis, pour terminer, d'exprimer notre reconnaissance aux nombreux patrons et ouvriers qui ont bien voulu par leurs réponses, quelquefois même par des études très approfondies sur la question, nous aider dans notre tâche; nous les remercions ici bien sincèrement de s'être faits, occasionnellement, nos collaborateurs.

La Commission permanente :

Union des Maîtres Imprimeurs de France	Fédération française des Travailleurs du Livre
G. HÉRISSEY,	KEUFER,
G. DUPUY,	MAYNIER,
H. BOUILLANT,	E. GRANGER,
G. LEFEBVRE,	A. LOISEAU.

Le Rapporteur,
G. LEFEBVRE.